Bulcsu Bódy

Rád vár!

Bulcsu Bódy

Rád vár!

Versek a Mindenhatóról

Blessed Hope Publishing

Impressum / Impresszum

Bibliografische Information der Deutschen Nationalbibliothek: Die Deutsche Nationalbibliothek verzeichnet diese Publikation in der Deutschen Nationalbibliografie; detaillierte bibliografische Daten sind im Internet über http://dnb.d-nb.de abrufbar.

Ezen bibliográfiai információ megjelent a Deutsche Nationalbibliothek oldalán. A Deutsche Nationalbibliothek listázza ezen publikációt a Deutsche Nationalbibliografie-ban; részletes bibliográfiai adat elérhető az Interneten a következő oldalon: http://dnb.d-nb.de.

Coverbild / Borító kép: www.ingimage.com

Verlag / Kiadó:
Blessed Hope Publishing ist ein Imprint der
OmniScriptum GmbH & Co. KG
A Blessed Hope Publishing
az OmniScriptum GmbH & Co. KG bejegyzett védjegye
Heinrich-Böcking-Str. 6-8, 66121 Saarbrücken, Deutschland / Németország
Email: info@blessedhope-publishing.com

Herstellung: siehe letzte Seite /
Nyomtatva: lásd utolsó oldal
ISBN: 978-3-639-50175-9

Bódy Bulcsu

Rád vár!

Versek az Mindenhatóról

1

Tatalomjegyzék

Még mindig emlékszem arra, amikor először találkoztam Bulcsuval. 1998 elején barátkozóként jelent meg a gyülekezetünkben. Tele volt kérdésekkel és nagyon odafigyelt mindenre. Neki nagyon fontos volt a közvetlenség és az őszinteség. A képmutatást nem bírta elviselni. Ez az őszinte keresés elvezette őt a megtérésre és Krisztus követésére.

A következő években figyelhettem életét és lelki növekedését. Házasságkötés, gyermekbemutatások, diakónusavatás és más fontos események követték egymást. Számomra Bulcsu nem csak gyülezeti tag volt, hanem barát és munkatárs. Mindig ragaszkodott az Igéhez és érzékeny volt Isten vezetésére.

Ezekben a versekben megjelenik ez az Istenhez való ragaszkodás, de az őszinte Istenkeresés is. Bulcsu számára Isten nem távoli és elérhetetlen, hanem közel való és megismerhető személy volt. A versekben betekintést nyerünk Bulcsu hitébe és Istennel való kapcsolatába, de e mellett ösztönöznek bennünket is a gondolkodásra és saját hitünknek a vizsgálatára.

Bulcsu betegsége gyülekezetünk történelmében egyik legmegrázóbb eseménye. Nagyon hiányzik a jelenléte és szolgálata, de örülök, hogy e könyv által újra megelevenednek a gondolatai és szolgálata megújulhat. Legnagyobb meggyőződéssel tudom ajánlani könyvét Istent kereső és szerető olvasóknak!

Patton Márk lelkipásztor

Esztergomi Baptista Gyülekezet

5

Volt úgy

Volt úgy Uram, hogy kerestelek,

Mint éjjel anyját a gyermek,

Ha megnyúlnak mind az árnyékok

És én azt hittem egyedül vagyok.

Aztán ha eljött a hajnal

S az árnyakat a nap olvasztotta fénylő sugarakkal

Azt mondtam, nem lehet senki sem felettem,

Sem ember sem Isten nem dönthet helyettem.

Máskor féltem Tőled, mint rejtekén fél a vad,

Hisz tudtam, ha kell megtalálsz egy pillanat alatt,

S fekete leplekbe csavartam önmagam,

Úgy suttogtam csak ellened szavam,

Völgyek mélyére bújtam el,

Mert azt hittem hangom onnan már nem érhet el.

De Te nem bántottál,

Csak szelíden néztél, mint jó apa, ha a gyermek

Játék közben kis madarakat kerget.

S volt, hogy azt hittem bírád lehetek,

Hogy Tőled minden könnyet számon kérhetek,

Hogy minden könny és fájdalom

A Te kezedből jön, s hittem nincs benned irgalom.

De Te úgy tettél, mint anya, ha mereng a holnapon,

Mikor fia lázálmában kiált,

S hűs kezeddel csitítottad izzó homlokom.

Volt úgy is, hogy közönnyel hallgattam szavad,

Pedig tomboló hóviharban

És édes nyári zivatarban is megmutattad magad.

De vártál, s hagytad, hogy szívem vastag kőfalát

Se egyik se másik se törje át.

És megvártad míg elrontott életem,

Mint roncshajó a háborgó tengeren,

Ha lassan hullámsírba fúl,

S vitorláit a szél tépkedi vadul,

De Te mint édesapa karolja kisfiát,

Erős karoddal édes öblödbe emeltél át.

Hol már látom mennyi éven át hiába vártad e percet,

De kezedben most végre kimondom: szeretlek.

Az volt a nap

Mintha csak a szél lett volna, mi csendesen

A várost simítja nyári esteken,

Mint hűs patak a szennyes folyónak,

Frissítő áramlat fuldokló halaknak

Olyan volt az a nap.

Mint mikor leszáll a repülő forrón sikítva

S testét sárga fénykarok ölelik csitítva,

Vagy mikor felszakad a felhő szürke huzatja

És eső hull végre a szomjas talajra

Olyan volt az a nap.

Emlékszem, aznap szürke hó esett,

A villamos félt és ijedten csengetett,

Gondolta: a megállóban az ólom emberek

Beszürkítik majd sárga vas testemet.

Olyan volt az a nap.

Ott, fent verebek fáztak a drótokon,

Vagy tán megfagytak, nem tudom,

De senki sem látta a változást,

Haláltakarón a friss szakadást,

A város ünnepi díszbe sem öltözött,

De az volt a nap, mikor Jézus a szívembe költözött.

(2005. március.)

Betegen

Most csendben fekszem,

S a falon az óra úgy ketyeg

Mint háborúban a fegyverek

És hallom, ahogy minden takk

Egy pillanat után pontot rak.

És a takaró, mint édes hegyek felett

A lágy fellegek,

Úgy ölel, mint egykor ölelt két kezed.

De most láz ébred az arcomon,

Mint izzó virág a nyárban égő bokrokon.

És úgy fáj minden mozdulat,

De a mozdulatlan némaság a szívemben

Most rendet rak.

És visszanézve a szép napok,

Mint láncra fűzött gyöngysorok,

Mindegyikük úgy ragyog.

Hogy szememben úgy tűnik,

Fekete

Nem volt köztük egyik se.

És áldó két kezed

Mindig ott volt fejem felett.

Most látom, kigyúlnak a fények,

S én lassan odaérek

A hídra, mi a holnapba átvezet

És megfogom két kezed.

Most a hídra lépek,

S már nem félek

Bár nem tudom a túlparton

Szép holnap vár, vagy még több fájdalom,

De nézd, ott a mosoly az arcomon,

Ahogy öledben csendben elalszom.

(2005. április.)

Börtön

Emlékszem régen úgy éltem, mint cellájában él a rab,

Vígasztalan a sötét kőfalak alatt,

Hol a rácson csak néha törtek át a csalfa napsugarak.

Olyankor vágytam kitörni, hátukon messzire repülni,

Fehér ruhában járni-kelni, könnyű szívvel végre szabadnak lenni.

De máskor, ha a sárga lámpák halvány fénye

A falon táncolt, hittem nem lesz vége,

Hogy ez maga az élet

És a kőfalak közt nincs helye semmilyen reménynek.

De aznap már minden más volt,

A napsugár a falon át magának utat vágott,

S a málló kövek porán át a szemembe vissza-vissza táncolt.

Hátraléptem, mert féltem,

A leomló falak eltemetnek egészen.

Csendben lapultam teljesen,

Míg egy hang így szólt: Gyermekem!

S a lassan oszló porfelhőn át

Megláttam az Úr alakját.

„Gyere ki hát" szólt kedvesen,

„Vissza nem tarthat senki sem"

Kiléptem hát,

S megnézve a ledőlt kövek külső oldalát,

Láttam mindegyiken egy-egy bűnöm neve állt.

Én építettem hát börtönömnek vastag kőfalát.

S körbenézve megértettem,

Önnön börtönöm őre csak én magam lehettem.

(2005 július.)

Egy percre még

Most egy percre még megfognám a kezed

Állnék mozdulatlan, becsapva a múló másodperceket,

Mert az idő hűtlen volt és elrepült 32 évünk felett.

Azt hiszem csendben lennék, hogy a perc ünnepét egy kérdés se törje meg,

S nem kérdezném, ott fenn az Úrnál milyen most neked,

S hogy törölte le arcodról mind a 67 évnyi könnyedet.

Csak a szemedbe néznék, mert a szemed most oly szép,

Mint gyémánttükör úgy ragyog,

Benne magam látom: nézd apu, újra kisfiú vagyok!

Most hozzád bújok, s ruhádon érzem új illatod,

Válladon hoztad a menny aranyporát,

S mosolyod rejti mind a válaszod.

Én hallom csak, hogy suttogod:

„Fiam az Úrnál oly boldog vagyok."

Tudom apa, de egy percre még most megfognám a kezed

És szemedbe halkan mondanám,

Mit oly rég nem mondtam el neked,

Nézd, karjaim is megremegnek,

Hogy formálom e szót:

Apu, szeretlek.   (2005. október 23.)

Evangélium

Egy vers volt csak, kit az ifjú költő tolla

Ma reggel karcolt a puha papírra,

S gondtalan szívvel magára hagyta.

De később, hogy esett meg nem tudom,

A vers kiszállt a nyitott ablakon.

S elsuhant a kopott bérházak felett,

A gangon kezüket nyújtották felé az emberek.

Majd tovaszállt vele az őszi szél,

S a Duna fölött lett oly fehér,

Hogy vágytak rá mind az öreg hidak,

Feléje fordítni az arcukat.

De hűtlen lett hozzá a könnyű szél

És ott ahol minden sín véget ér,

Lágyan letette őt,

A karcsú villamos arca előtt.

S a sárban, jaj lent a sárban

Kopott cipőtalpak mocsarában,

Gyűrött lett és a rímei áztak,

Én láttam csak hófehér virágnak.

Felvettem hát, s hagytam, hogy karjait lágyan

Szívemre fonja az őszi napsugárban.

Mert nem csak szép volt, de igaz,

S nem sovány léleknek múló vigasz,

Mit írt, hogy él Ő,

S ha a hűtlen idő

A házak közt lopva elszalad,

S temetni visznek majd az őszbe fordult fák alatt,

Ő megáll majd a fejfád felett,

S halkan súgja majd a neved.

De most hagyom e papírt had vigye a szél

S a város fölött, ha majd célba ér,

Ha el is kerüli majd a kezed:

Hajolj le érte amíg megteheted

(2005 november 15.)

Hogyan mondjam el

Versfaragni, rommal, búval összetörni,

Mindazt, mi szép és jó,

Mint puha hó a bársony égen,

Álomszerű messzeségben,

Olyan e nap, mint száz,

Rég letűnt gyermekvilág.

S most kiadni mindent, legyen hontalan,

Mi bennem él és oltva van,

Beszélni, míg csak folyik a szó,

Míg hamuvá szürkül a tiszta hó.

De megállok és nem teszem:

Hó roppant az ereszen.

S apám csendjében a némafilm,

Pereg tovább az emlékek romjain.

(2003.december.)

Hová lett?

Én már sok embert láttam, kik úgy mentek el,

Hogy meg sem kérdezték:

Hová lett hetven-nyolcvan év

És hol vannak a szép eszmék?

Mennyit ért a lázongó ifjúság,

A boldog percek, a nyári éjszakák.

És hol van az a mosolygó gyermek,

Hová tűnt szeméből a csillogó tekintet?

Eltűntek az arcok. Kihunynak a fények.

Csak a TV zaja töri csendjét a magányos estéknek.

A hangja harsogó, vidáman hirdet:

Már eldobható palackban is kapható az élet.

Élj hát gyorsan és nevess, ha néznek,

Aztán menj, hisz kell a hely az új nemzedéknek.

Hadd higgyék csak, hogy nélkülük nem forog e bolygó,

Hogy nem lesz helyettük többé senki hasonló.

Nevess csak ha látod, hogy terveznek

Hisz te már tudod, emléke sem marad meg mindennek.

De ha néma maradsz, cinkosa leszel azoknak,

Kik egykor téged is becsaptak.

De a bűnös, hidd el te magad vagy.

Hisz inkább hittél a harsogó szavaknak,

Mint a csendben szóló színigaznak.

Pedig ott van ma is minden éj csendjében,

Hogy biztos helyed van Jézus két kezében,

Hiszen bármit is tettél mindenért

Megbocsát Atyánk Jézus véréért.

(2005. március.)

Húsvét hajnalán

Két világ határán állok, ma húsvét hajnalán,

A tegnap éj elmúlt, s oly sötét volt talán

Százszor is feketébb, mit az ember már meg nem ért,

Hisz a halál ülte tegnap véres ünnepét.

Úgy láttam őt, mint rémálmát a gyermek,

Ha ágyában lázasan fetreng

És úgy ússza át az éjszakát,

Hogy nem hallja sehol édesanyja hangját.

A szobában zaj volt és a nehéz asztalok

Felettük láttam, halvány lámpa imbolyog,

Úgy ülték körbe, jaj a fekete angyalok.

Kezükben bor volt, vidáman nevettek,

Úgy láttam, tán nyolcan, tízen is lehettek

És poharuk vígan emelgették,

Ők, kik látták Jézust tegnap eltemették.

Odakint a világ éjlepelbe csavarta önmagát,

Úgy gyászolta teremtője halálát.

Most hát csendesen az ablakhoz lépkedett

És miután benézett,

Remegve várta a holnapot,

Mikor kijönnek majd jaj, a fekete angyalok.

De most, hogy a hajnal némán ébred,

Az asszonyok lassan a sírhoz érnek,

Csendben mennek és nehéz léptük nyomán

A por kavarog.

Majd megállnak és csendben sírnak,

Hisz nyoma sincs már a nehéz szikladarabnak.

Elgördítették azt az erős angyalkarok,

Ezért sírnak a gyászoló asszonyok.

Mondjátok, kérdik, hová tettétek?

Előlünk az Urat el miért rejtettétek?

Az angyal szólt, a legszebb szót,

Mit ember csak hallhatott:

Nincsen Ő itt, mert feltámadott.

E szóra mintha csak,

A világ sose lett volna hallgatag,

Úgy vitte a szél szerteszét,

Az élet legszebb ünnepét,

Hirdetve, hogy a halálból,

Jézus Krisztus miközénk ma visszatért.

Aztán egy perc csak, míg e hír eloltott száz háborút,

S a halál szobájában csendesen, asztalára ráborult,

Hisz tudta jól, hogy holnaptól,

Utcákon és tereken,

Égbenyúló hegyeken

Visszhangzik majd a Mennyország

Jézus hív és Benne az örökélet vár reád.

(2003.március.)

Imaházavató

Másnak tán olyan e nap, mint sok más,

Rég letűnt vasárnap, álmos nyugodtság,

Mikor a mindig szorító, hétköznap idegbe markoló

Szörny végre elenged,

Átadva helyét csendes pihenésnek.

Pár óra csak, míg a nyugalom a szívben fészket rak,

Még egy séta tán a szigeten,

Kéz a kézben csendesen,

Míg a szél a holnapba nem viszi át

Az álmos platánfák illatát.

Aztán csend, a vasárnap átsuhan a város felett,

A hétfő jön, s az utca nyögi már a nehéz lépteket.

De nekem más ez a nap,

Mint szomjas bárány a kúthoz ha ballag,

Úgy jövök Uram tehozzád,

Hisz házad egy darabka mennyország.

Csendes hely, hol szelíd szavad int,

S ha eljön az áldott vasárnap megint,

Dicsér téged megannyi száj,

S áldó imánk tehozzád mennybe száll.

Hisz eljött a nap, mikor megnyithatjuk új házadat.

De tudjuk, nélküled nem több e ház,

Mint szépen csillogó halott kőrakás,

S tudjuk veled itt soha nem találkozunk,

Ha szívünkben Téged be nem hozunk.

És most, mint falban simulnak össze a téglák,

Úgy ülünk itt, s a világ ha nem lát,

Mi tudjuk egyszer leomlanak e falak,

A helyükön talán semmi sem marad,

S dőljön bár össze az egész világ,

Hangunk a romokon messzire kiált:

Megtart minket a mi Urunk,

Mert e házban a téglák mi magunk vagyunk.

(2005. augusztus.)

Karácsony este

Most karácsony van, s e napról írni verseket

Oly nehéz, tán nem lehet,

Mert lelkemben kavarog

Száz emlék, mi én vagyok,

S ráült megannyi szép,

De elkoptatott kép:

A behavazott kicsi ház,

S a táj, mit sosem láttam még.

Hisz álmodtam csak a hósapkás kis falut,

Hol ének száll, s a betlehemes kisfiúk

Kopognak minden ház ajtaján,

Mellettük száll a csengő szán,

S a jó meleg szobák,

Lengetik a friss kalács illatát.

Vagy írjam le tán, milyen a város,

Karácsony este, ha csendes-magányos,

Ha a friss hó tört fényénél,

Az utolsó villamos is remizbe ér

És sápadtak már a kirakatok,

Az utca kihalt, én is otthon vagyok.

Ablakomon sárga fények játsznak,

Visszahozzák emlékét

Sok régi karácsony varázsának.

De minderről írni nem méltó,

Mert ma nem a kalács, a csillagszóró

S nem az ajándék,

Miről írni kell verseket,

Mert ma van a nap,

Mikor megváltóm

Jézus Krisztus megszületett.

(2005. december)

Ma szürke még

Ma szürke a föld és szürke az ég,

Szürkék a házak, az arcok,

Ma minden szürke még.

A Nap is szürke lenne tán,

Ha áttörne a vastag felhők szürke ködfalán,

S meglátná, hogy az emberek,

Fáradtak, s néha sírnak is munkába menet.

S látná az öreg koldust, ki csikket szedeget,

S fájna néki látni mind, a szürke gyermekszemeket.

Mert fásult lett a teremtett világ,

S a terhek alatt hosszúra nyúlnak az éjszakák.

De ha sötétebb lesz, s az égen csillag sem ragyog,

Emeld fel fejed, mert elközelgett a te napod,

S nézd, angyalsereg élén a királyt,

Ki hangos szóval végre megálljt kiált.

De ha fel nem nézel, s szemed a földre szögezve élsz,

S úgy hiszed csak szép mese az egész,

Hozzád úgy jön el, mint éjjel jő a tolvaj.

Észrevétlen, ajkán tiszta szóval,

Te térdre omlasz, de már késő,

Csend vesz körül, ez már a végső,
S messziről egy percre még,

Mintha hallanád a szép zenét.

S tudod, hogy a bárány odaát,

Gyermekivel tart ma fényes lakomát

(2006.04.04)

Miattad

Miattad kel fel a Nap.

Tenger habjain aranysugarát miattad szórja csak.

Neked csillan a háztetőn, ablakodon s a dombtetőn,

Érted szép, s hidd el csak te vagy,

Kiért este majd a völgybe szalad.

És neked gyújtok annyi csillagot,

Hogy felnézz s meglásd, hogy Én vagyok.

S a mindenség is azért végtelen,

Hogy lásd, csendbe zárva ott az értelem.

Hisz galaxisok és csillagtengerek

Írták az égre el nem múló nevemet.

Ne mondd hát, hogy néma vagyok.

Hisz szemed tükrében ott ragyog

A beléd lehelt értelem.

És tested, a csoda, mit formált a két kezem,

S benne szíved minden dobbanása,

Mosolyod, s arcod minden vonása,

Hirdeti nagy nevem.

S ha mindez neked kevés,

S azt hiszed az életed csak céltalan,

Szertefoszló tévedés,

Gondolj arra, hogy nékem,

Az élted drágább, mint a Menny,

Mi enyém volt egészen,

S én teérted szegényen,

E földre születtem, hogy kínok közt

Helyetted haljak meg a Golgota kereszten.

(2006. október 8.)

Mint koldus

Emlékszem, szeptember vége volt

S a szürke ég a pesti útra úgy hajolt,

Mint szégyenét takarja, ki vétett,

Ködbe csavarva autót, házat s a lámpát,

Mi fent pirosban égett.

Én autómban ültem, köröttem játsztak kopott dallamok,

A zene szólt,

S én azt hittem magamban dúdolok.

Aztán megláttam őt, karján a csöpp gyermek,

A porban botladozva ma csak benzinfüstöt nyelhet.

S a törékeny nő, mint túlvilági tünemény

Tenyerét esdeklőn nyújtja felém.

Tekintete, mint kés vagy villám ha éget,

Szemembe szúr és úgy bénít, mint a méreg.

Én kezem nyújtom,

Távolról pénz csörren, de még nem hallom,

A gyermeket nézem, ki anyja karján oly nyugodt,

Koldus ő, de gyermekarcán az idő még nem hagyott nyomot.

Szemét behunyta, s álma oly tiszta,

Arcán angyalok arca köszön most vissza.

Ilyen volt ő, a gyermek,

Kit anyja most saját testéből etet,

Én csodálom őt és szívembe mar:

Koldusgyermek ő, és mégis élni akar.

De már nem őt nézem Uram,

Hisz a gyermek ott én vagyok magam.

Mert rajtad úgy csüngök én,

Mint koldusgyermek anyja kebelén.

(2005 október.)

Néha nehéz

Néha nehéz az emberekkel,

Mert gyakran megkérdezik:

Mit csinált akkor az Isten és hol volt,

Ha van egyáltalán,

És miért engedte, hogy engem vagy őt,

Elragadja a halál,

Vagy ,mi még rosszabb néha,

Nevetve életben hagyja,

Hiába könyörög: karba tett kézzel

Szenvedni hagyja.

Mint csontsovány foglyot, ki kilép a sorból

S megindul a kapu felé, de az őr kegyetlen ,

Nem lő, csak gúnyosan visszaint.

Mit mondjak hát a miértekre,

Mert a nem tudom kevés

És nincs benne szánalom.

Így hát csak annyit, hogy rossz az, ha kérdezed

Mert összekuszál a gondolat

És a végén becsapod magad.

Hisz állt egy ember a Golgotán, kezében kalapács,

Fülében a szögek fémes csengése, lendült a karja

És ha nem is vetted észre, nézd meg jól:

Az te magad vagy.

S ha beverted a szöget, állj meg egy percre,

Nézz a szemébe és most kérdezd meg, ha tudod:

Uram, ezt most miért hagyod?

(2005. február.)

Nehéz számadás

Nehéz számadás ez.

Mint üvegbe vésett karcok,

Úgy jönnek elő az elfeledt arcok.

Nehéz számadás ez.

Gondoltam lassan feladják a harcot,

Mint tó tükrén a hullám, ha elunja a táncot,

Mikor kavics után kisimulnak a ráncok.

De ezek üvegbe mart karcok.

Nehéz számadás ez.

Tegnap számolgattam, öten vagy hatan lehetnek,

Foszladozó arcai régi embereknek.

S némelyiknek már a nevét sem tudom.

Nehéz számadás ez.

Gondolom talán már nem is haragszanak énrám,

Csak állnak és közönnyel néznek,

Mint egykor én is tettem némán.

De már késő.

Nehéz számadás ez.

Úgy félek tőlük, mint éjjel a gyermek,

Ki ágyában furcsa árnyékoktól retteg,

És a kapcsoló ott fenn van, fenn a magasban

És én nem érem el.

Nehéz számadás ez.

Ilyenkor azokra a napokra gondolok,

Mikor köztünk voltak ők, a gondtalan bolondok,

Emlékszem, mikor egyiket utoljára láttam,

Nem sírtam és nem kiabáltam.

Bárcsak megráztam volna,

Hogy ember, holnap itt van az óra.

Persze, mondod, nem tudhattad ezt,

De mit számít ez? Nehéz számadás lesz.

Hisz tudom, eljön majd a nap, mitől rettegek,

Ott állok majd az Úr mellett, s balján a holtnak hitt emberek.

Csontjukhoz újra hús tapad,

Tessék, mondják most mentsd ki magad.

De én állok a csendben, szólni sem merek,

Csak szivárvány testemben lüktetnek az új erek.

Szólj Uram, csendben gondolom,

Mert a perc súlyát el nem bírom.

Szólj hát, mondd, hogy voltak még mások,

El nem mondott néma vallomások,

Mondd Uram, hogy volt idejük bőven,

Hogy Te is szóltál nekik az alkalmas időben.

De Ő csak néz ránk, oly fénylőn, mint a nap,

Hogy vádlóim eltűnnek egy pillanat alatt.

Én arcomon érzem izzó tekintetét

Fura, hogy e tűz oltja el lelkem égő szégyenét.

Nincs benne más, csak tiszta szeretet,

Így meg nem értem, hogy lehet,

Hogy eszembe jutnak az emberek,

Akiknek Jézusról soha sem beszéltem.

Nehéz számadás ez.

(2005. március.)

Nyár végén

Mint télen a hó és nyáron a tó,

Vagy őszi időben a ködtakaró,

Úgy elborít néha a jaj, s a panasz,

S a bánatra nem nyújt semmi vigaszt.

Mert arcomon ott van a kellem a báj

És nevetni kell, hogy ha sírni muszály.

De elcsitul egyszer a zápor a zaj

És leolvad majd ami most betakar,

S ha látod a kisfiút el ne feledd,

A kezébe tedd bele most a kezed,

Hisz nem volt ő rossz és a szíve se jég,

És hitte a világban ennyi elég.

De törte az élet, s elérte a kő

És sebére só volt a múló idő,

Csak egy volt mi mindenen átsegített,

A hit, mit ledönteni sem lehetett,

Hogy Jézus megáll majd a sírom felett.

(2005 augusztus.)

Októberi nap

Ma puha felhőkön lépkedek,

Idelent látsz, de hidd el a puha fellegek,

Nyelik ma el ábrándozó lelkemet.

Ma boldog vagyok,

Tudod a napsugár ma ellopott

Az ősztől még egy hűvös napot.

S padra ültek az emberek,

Arcuk sima, átölelte a meleg,

Szemük csukva, s tudom, hogy a lelküket

Ma kézen fogta és elvitte a képzelet.

Amott elszabadult egy dallam,

És simítja halkan

A kopott bérház udvarát,

S az ősz házmester mosolyát

Ráncai rejtik el

S csak én tudom ma újra hiszi,

Hogy szép a világ.

De tovább megyek,

Szívemben viszem a kincsem,

Ma válaszok vannak,

Kérdés egy sincsen,

Tudod a Nap süt ma

És ránk mosolygott az Isten.

(2006. október.)

Otthon lenni

Olyan a pesti aszfaltrengeteg,

Megőrül mind, ki egyszer bennreked.

Én is itt állok a dugóban

És figyelem unottan,

Hozzám porfelhő kavarog

És én mást nem is akarok

Takarjon be egészen,

Szinte el is emésszen.

Por legyen csak, mit látok,

Meg ne fojtsanak az ostoba plakátok.

Vigyen csak el e felhő messzire,

Hisz sose kívántam még ennyire,

Otthon lenni Tenálad.

(2005. március.)

Összetört álmok

Valamit most tenni kéne, hogy földre szálljanak az angyalok,

Mennylétráról földre lépve, énekeljék el ők, mit mondani akarok,

S irigyen hallgatnám, hogy az égi színpadon,

Oly zene szól, hogy leírni száz versben sem tudom,

Hisz sokszor van, hogy egy dallam,

Leírja lelkem, tán jobban, mint akartam,

S most, hogy bennem nyolc hívő évem kavarog,

Sajnálom csak igazán, hogy zenét írni nem tudok.

Emlékszem, volt idő, mikor azt hittem én,

Baj nem érhet, s az Úr hordoz tenyerén,

S olyan voltam, mint magas pad tetején a gyermek,

Ki csukott szemmel is leugrik, mert hisz apja kinyújtott kezének.

De leestem, s a porból fölemelve fejemet,

Hittem az Úr már nem szeret, s elhagyott engemet.

Hát kiáltottam, mint minden ember a bajban,

De a plafonról, mint eső az őszi viharban,

Oly hidegen hullt rám vissza a szavam.

Majd, mint gyermek, ki hiába várja anyja figyelmét,

S a padlón egy poharat tör szerteszét,

S kiáltja: hát büntess és verj meg,

De tovább már nem bírom e közönyös csendet!

Hát így tettem én és hittem, hogy az Isten,

Megállít majd és vártam is, hogy intsen,

De nem felelt, s hittem van megannyi dolga,

Hogy idejét többé nem pazarolja,

Egyszer már megtalált s megmentett juhokra.

De később -tán már nem is vártam-,

Az Úr rám nézett és így szólt lágyan:

Tudod gyermekem,

Ha arcomat néha el nem rejtem,

Ha mindig csak örömet adok,

És nem követnék azt olykor nehéz napok,

Sohasem vágynál megfogni a kezem,

Gyermeki szemed soha nem látná meg szemem,

És soha nem hallanám az üdvözítő mondatot:

Szabadíts meg Uram, mert nélküled semmi vagyok.

(2006. április 23.)

Rád vár

Rád vár, de nem siet,

Kezét sem nyújtja, hisz tudja, hogy téged,

Az idő, a kegyetlen futószalag,

Hozzá majd elvezet.

És hallod, minden percben, hogy kattan,

Hatvanszor üt le, mint golyó a falban,

Tikk és takk.

(2006. augusztus.)

Tél

Azóta nem írtam verseket,

Se szépet, se csendeset,

Se harsogót se giccseset.

Csendben vagyok, mert minden nap meghalok,

S feltámadok,

Van, hogy többször is,

Reggeltől estig tán ötször is,

Mert minden csak átszállt felettem,

Én hagytam, mi mást tehettem,

Hogy öröm, bánat, legyen hontalan,

Mint ősz szél a fák között, ha átsuhan,

Hisz úgyse értheti meg,

Közönytől kérges szívemet.

(2006. február.)

Vikinek és Attilának

Eljött e nap, s mi tudjuk mind, az Úrtól van ez,

Mikor e két szív itt ma egy testé lesz,

Hisz olyanok ők mint két patak, ha szalad

A hűs lombok alatt,

Csobognak alá csendesen,

Hogy meg ne lássa senki sem,

Míg odalenn vizük folyóvá ömlik kedvesen.

Nézd, olyanok ők, mint fának a lombja,

Virágnak körben ölelő sziromja,

Mint nyárnak az édes, árnyat adó est,

Mint télnek az óvó, friss ropogó hó,

S mint szellő simít a nyárban nesztelen,

Úgy símul kezük össze szerelmesen.

Hisz hiába sétált egykor Ádám és Isten,

Az édenben kéz a kézben,

S hiába voltak együtt, ha jött az árnyas alkonyat,

Ádám szívét nyomta a súlyos gondolat,

Mit végül Isten mondott ki:

Nem jó az embernek egyedül lenni.

Így lesz a férj s a feleség egy testté.

Bárcsak ezt a világ is megértené!

De hisz ez csak egy papír!- mondják,

Nem egy papíron múlik a boldogság.

Bárcsak megértenék a titkot,

Mit Istenünk mondott,

Hogy az őelőtte mondott eskü az,

Mialatt az Ő áldó keze egybeolvaszt.

Mélyebb e titok és nagyobb ez igazság,

Kikutatni tán kevés lesz az Örökkévalóság.

Nézd hát, hogy Viki és Attila

Ülnek most egymásba fogódzva,

S úgy látod egymás kezét fogják,

Innen van hát a boldogság.

De a lelkeddel láthatod,

Kettejük közt a fénylő alakot,

Hisz Jézus az, kinek átszegzett keze

Fogja két kis gyermeke kezét,

Egymásra téve őket, s így lesz e kötelék

Oly erős és örök, hogy a halál se tépi szét.

Áldunk, hát Urunk, hisz tudjuk e házasság

Tebenned köttetett, s nekünk is boldogság,

Hogy dicsőséged mától együtt hordozzák.

Ti pedig halljátok meg, hogy szól belőlünk a szeretet

S kívánjuk, hogy nagyon boldogok legyetek,

Fogjátok erősen az átszegzett kezet,

Ebben segít imával majd:

Az egész gyülekezet.

(2005. május.)

A szerzőről

Bódy Bulcsu 1973 augusztus 28.-án született. 'Vallásos' családban nőtt fel, így Isten keresése mindig is fontos volt számára.

Húszas évei elején csatalakozott az Esztergomban megalakult Baptista Gyülekezethez, ahol megtért, bemerítkezett, majd megnősült és két lánya (2000.-ben és 2003.-ban) is született, Isten áldásával.

2012 februárjában súlyos tünetekkel kórházba került, hónapokig küzdöttek az életéért és sokszor úgy tűnt, elveszítjük a harcot. Habár akkor is és azóta is rengeteg ember imádkozik érte, és a közvetlen életveszély már elhárult, az állapotában jelenleg nincs változás, továbbra is teljes ellátásra szorul. Családja körében, azok szeretetétől övezve várjuk Isten segítségét.

Aki e sorokat olvassa, imádkozzon érte és családjáért!

Köszönetnyilvánítás

Szeretnék köszönetet mondani Bulcsu és a lányaink nevében Dr Müllernek, aki azóta is mellettünk áll, támogat bennünket. Hiszem, hogy az Úr őrajta keresztül is gondoskodik rólunk.

Szeretném még megköszönni lányaink, Amanda és Rebeka segítségét, hogy kigondolták ennek a kötetnek a címét. Szeretlek titeket!

Anikó, Bulcsu felesége

Zeitfracht Medien GmbH
Ferdinand-Jühlke-Straße 7
99095 Erfurt, Deutschland
produktsicherheit@kolibri360.de

Druck:
CPI Druckdienstleistungen GmbH
im Auftrag der
Zeitfracht Medien GmbH
Ein Unternehmen der Zeitfracht - Gruppe
Ferdinand-Jühlke-Str. 7
99095 Erfurt